Langenscheidt

W0047408

Auch kleine Flöhe schreibt man groß!

Deutsche Rechtschreibung —
erst quizzen, dann wissen

von Christian Stang

Langenscheidt

München · Wien

Bildnachweis
Thinkstock: Jeffrey Hamilton – S. 8; gemenacom – S. 20; bookzaa – S. 34;
Paperkites – S. 34; ismagilov – S. 45; Davizro – S. 72; iStock: mammamaart – S. 58

Herausgegeben von der Langenscheidt-Redaktion
Autor: Christian Stang
Layout: Volk Agentur + Verlag, München
Corporate Design Umschlag: KW 43 BRANDDESIGN, Düsseldorf
Umschlaggestaltung: Guter Punkt, München

www.langenscheidt.de

Satz: Volk Agentur + Verlag, München
Druck und Bindung: Druckerei C. H. Beck, Nördlingen

ISBN 978-3-468-29960-5

17010

Vorwort

Herzlich Willkommen zu „Auch kleine Flöhe schreibt man groß!"

Muss hier nicht das Adjektiv **willkommen** kleingeschrieben werden? – Ja, gut aufgepasst! Der Fehlerteufel hat gleich zu Beginn dieses Buches sein Unwesen getrieben …

Hier das Ganze noch einmal zum Mitschreiben – aber jetzt bitte in korrekter **Orthografie/Orthographie:**

Herzlich willkommen zu „Auch kleine Flöhe schreibt man groß!"

Wir sind schon mitten im Thema gelandet! In lockerer, leicht verständlicher Form – und mit einer Prise Humor – werden Ihnen in diesem Band typische Zweifelsfälle der deutschen Rechtschreibung präsentiert.

Den Hauptteil bildet natürlich das **Quiz** selbst: Hier finden Sie auf den rechten Seiten jeweils die Fragen und eine Reihe von Antwortmöglichkeiten, von denen *eine* richtig ist. Und um welche es sich hierbei handelt, erfahren Sie im Handumdrehen nach dem Umblättern auf den linken Folgeseiten.

Um Ihnen den Einstieg in die sechs Teilbereiche unserer Rechtschreibung so schmerzfrei wie möglich zu gestalten, haben wir Ihnen zu Beginn eines jeden Kapitels auf einer

Doppelseite alle wesentlichen **Regeln** aus der jeweiligen „Disziplin" in Stichworten zusammengefasst. Ideal zum Auffrischen und Nachschlagen!

Auf diesen Doppelseiten finden Sie außerdem *den* **Klassiker** aus dem jeweiligen Teilbereich der deutschen Orthografie schlechthin, und zwar jeweils in einer der Schreibweisen, wie er Ihnen schon x-mal über den Weg gelaufen ist – nämlich **falsch** geschrieben –, und natürlich in **korrekter** Form.

Das Symbol ❗ verweist auf den Doppelseiten auch auf weitere Fälle, in denen nur allzu „gerne" eine andere als die gültige Schreibung gewählt wird.

Aber jetzt wünschen wir Ihnen viel Vergnügen beim *Quizzen* … oder etwa doch beim *Quizen**?!

Ihr Autor Christian Stang
und die Langenscheidt-Redaktion

*Korrekt ist die Schreibung mit Doppel-z: *quizzen*.

Inhaltsverzeichnis

Die Groß- und Kleinschreibung

Die wichtigsten Regeln auf einen Blick

Hier schreiben Sie groß:

- **Satzanfänge:**
  Am Satzanfang schreibt man groß.

- **Überschriften** und **Titel:**
  Wenn der Beruf zur Berufung wird (Überschrift)
  Es kommt anders, wenn man denkt! (Buchtitel)

- **Substantive:**
  Hund, Katze, Maus, Kind, Birne, Freundschaft, Liebe

- andere Wörter, die zu **Substantiven** geworden sind
  (Substantivierungen):
  das Schreiben, das Autofahren, das Eislaufen;
  ihr nettes Lächeln; alles Gute, wenig Neues;
  das Hin und Her; das Wenn und Aber;
  ❗ das Entweder-oder

- **Eigennamen:**
  Gustav Langenscheidt, Johann Wolfgang von Goethe;
  Deutschland, München,
  ❗ die Schwäbische Alb; der Heilige Abend, der Erste Mai

Hier schreiben Sie klein:

- alle Wörter, die **keine Substantive** sind:
  schreiben, lächeln; gut, neu; hin, her; wenn, aber

- Wörter, die ihre **Aufgabe als Substantiv verloren**
  haben (Desubstantivierungen):
  morgens, abends, sonntags; statt, trotz; ein bisschen

- aus Substantiven entstandene **Verbzusätze:**
  er/sie gibt preis, er/sie nimmt teil

- **Superlative** mit **am,** wenn mit **wie?** danach gefragt
  werden kann:
  er/sie singt am schönsten (Wie singt er/sie?),
  er/sie spielt am besten (Wie spielt er/sie?)

Der „Klassiker"

 Herzlich willkommen!

 ~~Herzlich Willkommen!~~

am
besten

am
Besten

Quiz

1. Ob die deutsche Rechtschreibung im Vergleich zu anderen Orthografien *am Schwierigsten* zu erlernen ist, sei einmal dahingestellt. Fest steht jedenfalls, dass man *am Schwierigsten* großschreibt, oder …?

   a) Das ist korrekt!

   b) Nein, korrekt ist die Kleinschreibung: *am schwierigsten*.

   Lösung ☐

2. In Kürze wird es ans Licht kommen, ob Sie in diesem Satz bei der Groß- und Kleinschreibung *im dunkeln tappen.*

   a) *im dunkeln tappen* schreibt man genau so – nämlich mit einem kleinen *d*.

   b) *im Dunkeln tappen* schreibt man genau so – nämlich mit einem großen *D*.

   Lösung ☐

Lösungen

1. Antwort b ist korrekt. ✓

Begründung:

Superlative mit *am* werden kleingeschrieben, wenn man mit *wie?* danach fragen kann:

Dies ist am schwierigsten zu erlernen.

Wie ist dies zu lernen? – *Am schwierigsten.*

Mit einem kleinen Trick – nämlich mit einer Steigerungsprobe – haben Sie die Sache rasch im Griff:

▶ Wenn Sie dreimal *am* sagen können, ist Großschreibung angesagt: *Er orientiert sich am Alten / am Älteren / am Ältesten.*

▶ Wenn es bei einem einzigen *am* bleibt, geben Sie sich bescheiden; dann steht Kleinschreibung auf dem Programm: *Er rennt schnell / schneller / am schnellsten.*

2. Antwort b ist korrekt. ✓

Begründung:

Substantivierte Adjektive werden auch in festen Wendungen großgeschrieben, sofern ihnen ein Artikel vorangeht. Hierbei kann es sich auch um eine Verschmelzung aus Präposition und Artikel handeln:

im Dunkeln tappen, im Trüben fischen, ins Trockene bringen.

Quiz

3. Manchmal ist die deutsche Rechtschreibung zum …

   a) *aus-der-Haut-fahren*

   b) *Aus-der-Haut-fahren*

   c) *aus-der-Haut-Fahren*

   d) *Aus-der-Haut-Fahren*

   Lösung ☐

4. Aus orthografischer Sicht ist ein Feiertag in Deutschland etwas problematisch. Dieser wird am 3. Oktober begangen und heißt …

   a) *Tag der Deutschen Einheit*

   b) *Tag der deutschen Einheit*

   Lösung ☐

Lösungen

3. Antwort d ist korrekt. ✓

Begründung:

Bei mehrteiligen Fügungen, deren Bestandteile mit Bindestrichen verbunden sind, schreibt man

▶ das erste Wort,	*A*us-der-Haut-Fahren
▶ den Infinitiv und	*Aus-der-**F**ahren*
▶ ggf. alle anderen Substantive	*Aus-der-**H**aut-Fahren*

groß.

Ist das nicht zum ***A**uf-und-davon-**L**aufen?*

4. Antwort a ist korrekt. ✓

Begründung:

Der *Tag der **D**eutschen Einheit* wird heutzutage mit großem *D* geschrieben. Die Wörterbücher folgen hier der amtlichen Schreibung im Bundesgesetzblatt.

Den *Tag der **d**eutschen Einheit* – mit kleinem *d* – findet man das letzte Mal in der 19. Auflage des Dudens aus dem Jahre 1986. So wurde damals der am 17. Juli in Westdeutschland begangene Feiertag geschrieben.

Quiz

5. Die populäre Spielshow „Dalli Dalli" mit Hans Rosenthal, die sicherlich vielen ein Begriff ist, wurde vor einiger Zeit in einer „Neuauflage" und unter einem anderen Namen präsentiert.

   Aber wie schreibt man diesen korrekt?

   a) *Das ist spitze!*

   b) *Das ist Spitze!*

   Lösung ☐

6. An dieser Stelle möchten wir jetzt doch der Groß- und Kleinschreibung *Auf Wiedersehen sagen!*

   Oder möchten Sie lieber *auf Wiedersehen sagen?*

   a) Korrekt ist die Großschreibung von *auf:*
      Auf Wiedersehen sagen.

   b) Korrekt ist die Kleinschreibung von *auf:*
      auf Wiedersehen sagen.

   c) Es ist beides möglich.

   Lösung ☐

Lösungen

5. Antwort a ist korrekt. ✓

Begründung:
Im Gegensatz zum Substantiv *(die)* **S***pitze* wird das Adjektiv
spitze kleingeschrieben:
*Sie sind der Meinung, das war **s**pitze!*
*Das neue Buch ist **s**pitze!*
*Das finde ich **s**pitze!*

Wenn ursprüngliche Substantive in übertragenem Gebrauch
mit *sein* verwendet werden, wird generell ein Wortartwechsel
angenommen (Desubstantivierung): *Das ist **s**pitze / **k**lasse /
wurst.*

6. Antwort c ist korrekt. ✓

Begründung:
Bei bestimmten Begrüßungs- und Abschiedsformeln können
Sie zwischen Groß- **und** Kleinschreibung wählen:
*Ich wollte nur mal **H**allo sagen / **h**allo sagen.*
*Wir hatten ganz brav **G**uten Morgen / **g**uten Morgen gesagt.*
*Wo sich Fuchs und Hase **G**ute Nacht / **g**ute Nacht sagen.*
*Es ist an der Zeit, um **A**uf Wiedersehen / **a**uf Wiedersehen zu
sagen!*

So schreiben Sie es richtig:

im Einzelnen

im Folgenden

und Ähnliches (u. Ä.)

im Großen und Ganzen

von vornherein

im Nachhinein

im Voraus

im Übrigen

auf dem Laufenden sein

des Weiteren

im Allgemeinen

außer Acht lassen

im Wesentlichen

über kurz oder lang

zu guter Letzt

Die Getrennt- und Zusammenschreibung

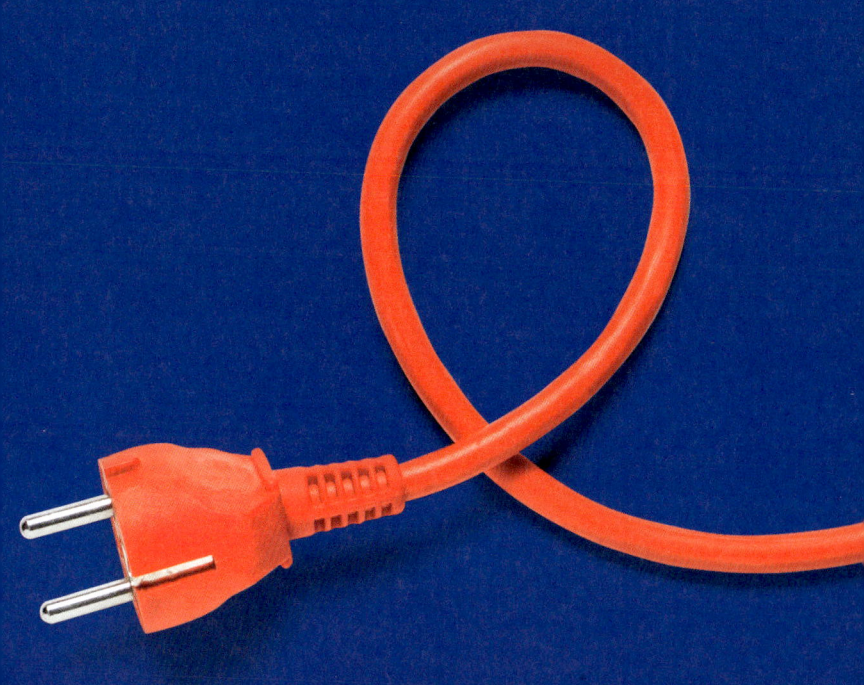

Die wichtigsten Regeln auf einen Blick

Hier schreiben Sie getrennt:

- **Verb + Verb:**
  laufe**n** **l**ernen, lese**n** **ü**ben, spaziere**n** **g**ehen

- **eigenständiges Substantiv + Verb:**
  Aut**o** **f**ahren, Sk**i** **l**aufen, Kaffe**e** **t**rinken
  (aber: das Aut**o**fahren; siehe Seite 10)

- **Adjektiv + Verb:**
  schnel**l** **l**aufen, bewusstlo**s** **s**chlagen, freundlic**h** **w**inken

- **Partizip + Verb:**
  getrenn**t** **s**chreiben, gefange**n** **n**ehmen,
  gesag**t** **b**ekommen

- **... + sein:**
  dabe**i** **s**ein, zusamme**n** **s**ein, zufriede**n** **s**ein

Hier schreiben Sie zusammen:

- **„verblasstes" Substantiv + Verb:**
  ❶ ei**s**laufen, kop**f**rechnen, stan**dh**alten
  (er/sie läuft **ei**s; aber: das Ei**s**laufen; siehe Seite 10)

- **untrennbare Verbindungen** aus **Substantiv + Verb:**
  ber**gs**teigen, ma**ß**regeln, schla**fw**andeln

- **Adjektiv + Verb** mit **neuer Gesamtbedeutung:**
  falsc**hs**pielen (im Sinne von „betrügen"),
  schlec**htm**achen (im Sinne von „herabsetzen"),
  schwe**rf**allen (im Sinne von „Mühe bereiten")

- **Präposition + Verb:**
  a**nr**ufen, übe**rd**enken, unte**rw**erfen

Der „Klassiker"

 wie viel (*analog zu* wie viele)

 ~~wieviel~~

kopfrechnen ✓

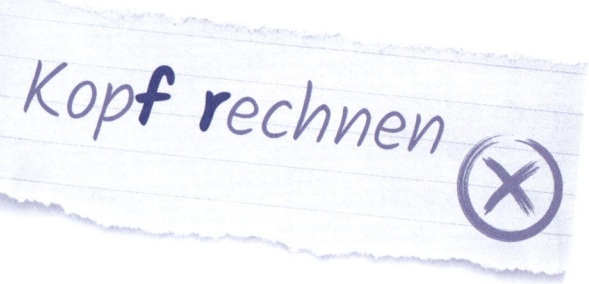

Kopf rechnen ✗

Quiz

1. Die eine oder andere Eselsbrücke hat durch die neue Rechtschreibung an Gültigkeit verloren. Jetzt bringt *ss* am *Schluss* keinen *Verdruss* (mehr) – und auch die Trennung des *st* geht ziemlich schmerzlos über die Bühne.

   Aber da gibt es doch noch die Sache mit *gar nicht: gar nicht* wird gar nicht zusammengeschrieben! Wie steht es um diesen Merkvers?

   a) Er ist weiterhin gültig, da man *gar nicht* getrennt schreibt.

   b) Er ist nicht mehr gültig, da man *garnicht* jetzt zusammenschreibt.

   Lösung ☐

2. Da hat doch *irgendjemand* in diesem Satz *irgendeinen* Fehler versteckt, oder …?

   a) Ja, denn man schreibt sowohl *irgend jemand* als auch *irgend einen* getrennt.

   b) Nein, denn man schreibt sowohl *irgendjemand* als auch *irgendeinen* wirklich und wahrhaftig zusammen.

   Lösung ☐

Lösungen

1. Antwort a ist korrekt.

Begründung:
Verbindungen mit *gar* werden getrennt geschrieben.
Das gilt sowohl für adverbiale Wortgruppen wie *gar **n**icht*
und *gar **s**ehr* als auch für erweiterte Pronomen wie *gar **k**ein*
und *gar **n**iemand.*

2. Antwort b ist korrekt.

Begründung:
Verbindungen mit *irgend* werden zusammengeschrieben.

Aber keine Regel ohne Ausnahme!
Dies gilt **nicht,** wenn der zweite Bestandteil der Verbindung
erweitert ist, wie beispielsweise bei *irgend **so** ein* oder
*irgend **so** etwas.*

Quiz

3. Fühlen Sie sich in Ihrem Zuhause *zu Hause* oder *zuhause?*

   a) Ich fühle mich dort *zu Hause.*

   b) Ich fühle mich dort *zuhause.*

   c) Ich fühle mich dort *zu Hause* und *zuhause,* da beides korrekt ist.

   Lösung ☐

4. Werden Sie sich bei der Schreibung von *zugunsten / zu Gunsten* zugunsten / zu Gunsten der Zusammenschreibung entscheiden?

   a) Ja, da man *zugunsten* nur zusammenschreiben darf.

   b) Nein, da man *zu Gunsten* nur getrennt schreiben darf.

   c) Ganz egal, ob ich mich *zugunsten / zu Gunsten* der Zusammen- oder Getrenntschreibung entscheide – es ist beides korrekt.

   Lösung ☐

Lösungen

3. Antwort c ist korrekt.

Begründung:
Die präpositionale Fügung *zu Hause / zuhause* kann getrennt
oder zusammengeschrieben werden. Dies gilt auch für
nach Hause / nachhause. Das Substantiv *(das) Zuhause* wird
dagegen in einem Wort geschrieben.

4. Antwort c ist korrekt.

Begründung:
Die Verbindung *zugunsten / zu Gunsten* kann zusammen-
oder getrennt geschrieben werden. Dies gilt natürlich auch
für *zuungunsten / zu Ungunsten* und ebenfalls für *zulasten /
zu Lasten*.

Bei Verbindungen aus Präposition und Substantiv kann man
generell drei Gruppen unterscheiden:

▶ Es ist nur Getrenntschreibung möglich, wie zum Beispiel
bei *zu Fuß gehen* oder *zu Hilfe kommen*.
▶ Es ist nur Zusammenschreibung möglich, wie zum Beispiel
bei *anhand* oder *zuliebe*.
▶ Es ist beides möglich, wie zum Beispiel bei *aufseiten /
auf Seiten, vonseiten / von Seiten* – und eben auch bei
*zugunsten / zu Gunsten, zuungunsten / zu Ungunsten,
zulasten / zu Lasten*.

Quiz

5. Werden Sie die korrekte Schreibung dieses Satzes *infrage stellen?*

   a) Ja, da man *in Frage stellen* schreibt.

   b) Nein, da man tatsächlich *infrage stellen* schreibt.

   c) Hier ist beides möglich.

   Lösung ☐

6. Können Sie *mit Hilfe* oder *mithilfe* dieses Quiz klassische Zweifelsfälle der deutschen Rechtschreibung aus dem Weg räumen?

   a) Natürlich ausschließlich *mit Hilfe* dieses Quiz.

   b) Nein, jetzt nur noch *mithilfe* dieses Quiz.

   c) Sowohl – als auch.

   Lösung ☐

Lösungen

5. Antwort c ist korrekt. ✓

Begründung:
Die Verbindung *in Frage stellen* kann **auch** in der Form *infrage stellen* geschrieben werden.

Dies gilt auch in Fällen wie *in Stand / instand setzen, zu Grunde / zugrunde gehen, zu Leide / zuleide tun, zu Rande / zurande kommen, zu Stande / zustande bringen, zu Tage / zutage fördern, zu Wege / zuwege bringen.*

Allerdings dürfen Sie – zumindest aus orthografischer Sicht – nur *zu Fuß gehen!*

Gut aufgepasst! Davon war soeben schon die Rede …

6. Antwort c ist korrekt. ✓

Begründung:
Die Verbindung *mit Hilfe* kann seit der Einführung der neuen Rechtschreibung **auch** zusammengeschrieben werden: *mithilfe.*

Die Getrenntschreibung ist weiterhin korrekt: *mit Hilfe.*

Quiz

7. Wie steht es um die Schreibung *so genannt?*

   a) *so genannt* schreibt man immer getrennt.

   b) *sogenannt* schreibt man immer zusammen.

   c) Hier kann man nach Belieben verfahren.

8. *So viel* mir bekannt ist, enthält dieser Satz keinen Recht-schreibfehler – oder etwa doch …?

   a) Ja, denn *soviel* schreibt man hier zusammen.

   b) Nein, das hat alles seine Ordnung.

Lösungen

7. Antwort c ist korrekt. ✓

Begründung:

*so**g**enannt* kann **auch** getrennt geschrieben werden:
*so **g**enannt*. Außerdem ist die Abkürzung *sog.* in Gebrauch.
*so**g**enannt / so **g**enannt* gehört zu den Ausdrücken, die man
sowohl als Zusammensetzung *(sogenannt)* als auch als
syntaktische Fügung *(so genannt)* betrachten kann.

Dies gilt auch für weitere Verbindungen mit adjektivisch
gebrauchten Partizipien:
*die ra**ts**uchenden / Ra**t** **s**uchenden Personen,*
*der allei**ne**rziehende / allei**n** **e**rziehende Elternteil,*
*das selbs**tg**ebackene / selbs**t** **g**ebackene Brot.*

8. Antwort a ist korrekt. ✓

Begründung:

Verbindungen aus *so* und Adjektiv oder Adverb werden
getrennt geschrieben: *S**o** **v**iel Arbeit für s**o** **w**enig Geld!*

Wenn die Verbindung jedoch die Wortart gewechselt
hat und zur Konjunktion geworden ist, wird zusammen-
geschrieben:
*S**ov**iel mir bekannt ist, …*
*S**ow**eit ich erfahren habe, …*
*S**of**ern das Wetter so bleibt, …*

So schreiben Sie es richtig:

inwieweit

infolge

abhandenkommen

vonstattengehen

pleitegehen

umso besser

jedes Mal

darüber hinaus

nichtsdestoweniger

ein für alle Mal

zurechtkommen

vorwegnehmen

aufrechterhalten

vor allem

ein und dasselbe

Die Schreibung mit Bindestrich

Die wichtigsten Regeln auf einen Blick

Hier müssen Sie einen Bindestrich setzen:

- **Zusammensetzungen** mit **Einzelbuchstaben, Abkürzungen** und **Ziffern:**
  T-Shirt, O-Beine, i-Punkt; Genitiv-s, Dehnungs-h; Pkw-Fahrer(in), UN-Resolution; Fußball-WM; 10-jährig, ❶ (der/die) 10-Jährige, 2-mal, 3-Tonner

- **Durchkopplung** mit **Einzelbuchstaben, Abkürzungen** und **Ziffern:**
  C-Dur-Tonleiter; E-Mail-Verkehr, S-Bahn-Station, K.-o.-Schlag, UV-Strahlen-Gefährdung; 3-Zimmer-Wohnung, 100-Jahr-Feier, 40-Stunden-Woche

- **Durchkopplung** in **Zusammensetzungen** mit **aneinandergereihten Substantiven** und in **unübersichtlichen Zusammensetzungen** mit **substantivierten Infinitiven:**
  Mensch-ärgere-dich-nicht-Spiel, ❶ Gewinn-und-Verlust-Rechnung; das In-den-April-Schicken

Hier können Sie einen Bindestrich setzen:

- **Gliederung unübersichtlicher Zusammensetzungen:**
  Mehrwertsteuer-Rückerstattung,
  Kraftfahrzeug-Haftpflichtversicherung

- **Vermeidung** von **Missverständnissen:**
  Druck-Erzeugnis (etwas Gedrucktes) ≠
  Drucker-Zeugnis (Zeugnis eines Druckers)

- Zusammentreffen von **drei gleichen Buchstaben:**
  Schiff-Fahrt, Schott-Transport, Geschirr-Reiniger;
  Armee-Einheit, Kaffee-Ersatz, Hawaii-Inseln

- Verbindungen mit **-fach:**
  10-fach, ❶ das 10-Fache (*auch:* 10**f**ach, das 10**f**ache)

Der „Klassiker"

  E-Mail

  ~~eMail~~   ~~E-mail~~   ~~Email~~

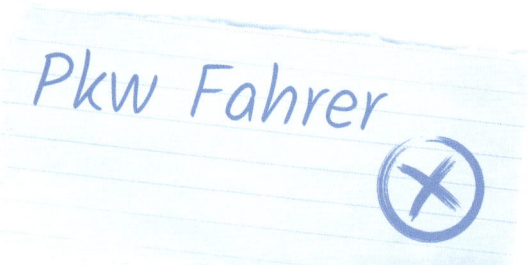

Quiz

1. Wie wär's mit einer Geschichtsexpedition?

   Kennen Sie den „Adelung"? – Dies war gewissermaßen der „Duden" vor dem „Duden".

   Schiller schrieb 1804 an Goethe: „Den Adelung erbitte mir wenn Sie ihn nicht mehr brauchen. Ich habe allerley Fragen an dieses Orakel zu thun."

   Wie Sie sehen, hatten bereits vor über 200 Jahren unsere Dichterfürsten mit der „rechten Schreibung" „zu thun".

   Apropos: Zu den Sehenswürdigkeiten der Stadt Weimar gehört das …

   a) *Goethe und Schiller Denkmal*

   b) *Goethe und Schiller-Denkmal*

   c) *Goethe- und Schiller Denkmal*

   d) *Goethe-und-Schiller-Denkmal*

   Lösung ⬜

Lösungen

1. Antwort d ist korrekt.

Begründung:
Der Bindestrich wird bei Zusammensetzungen mit mehreren oder mehrteiligen Namen gesetzt.
Bitte achten Sie darauf, dass Sie den Bindestrich dabei zwischen **allen** Bestandteilen setzen:

Konrad-Duden-Preis, Agnes-Bernauer-Festspiele, Friedrich-Ebert-Stiftung, Heinrich-Böll-Gesamtschule, Kaiser-Heinrich-II.-Straße, E.-T.-A.-Hoffmann-Allee, D.-Martin-Luther-Platz, Wilhelm-Busch-Gasse.

Nun kann das *Frage-und-Antwort-Spiel* in die nächste Runde gehen …

Quiz

2. Insbesondere zur Jahrtausendwende kam die Frage auf, wie man die Jahre 00 bis 09 des 21. Jahrhunderts bezeichnet.

   Mittlerweile hat sich hierfür wohl die Bezeichnung *Nullerjahre / nuller Jahre* eingebürgert.

   Doch wie schreibt man derartige Bezeichnungen, sobald man Ziffern mit ins Spiel bringt?

   Da die *Nullerjahre / nuller Jahre* noch ziemlich frisch sind, bleiben wir im letzten Jahrhundert/Jahrtausend – und hier gleich bei den …

   a) *90-er Jahren / 90er-Jahren*

   b) *90-er-Jahren / 90er Jahren*

   c) *90er-Jahren / 90er Jahren*

   Lösung ☐

Lösungen

2. Antwort c ist korrekt. ✓

Begründung:

Bei einer Verbindung aus Ziffer und Nachsilbe wird **kein** Bindestrich gesetzt:

(das) 5tel, (das) 20stel, (ein) 68er.

Der Bindestrich steht, wenn die Ziffer und die Nachsilbe den Bestandteil einer Zusammensetzung bilden:

(der) 10er-Block, (die) 70er-Bildröhre,
(die) 68er-Generation.

Bei Verbindungen mit dem Wort *Jahr* ist die Schreibung mit **und** ohne Bindestrich möglich:

(die) 50er-Jahre / (die) 50er Jahre,
(in den) 1950er-Jahren / (in den) 1950er Jahren.

Hierbei stehen die *50er-Jahre* – mit Bindestrich und natürlich nur aus orthografischer Sicht – mit der *68er-Generation* im Einklang, da sie derselben Regel folgen.
Die Schreibung ohne Bindestrich ist dagegen eine Konzession an eine frühere Ausnahme.

So – jetzt sind Sie *100%ig* fit, was den Gebrauch des Bindestrichs anbelangt! Das nächste Kapitel wartet schon …

So schreiben Sie es richtig:

Kosten-Nutzen-Rechnung

x-mal

Pünktchen-und-Anton-Verfilmung

Preis-Leistungs-Verhältnis

A-cappella-Chor

E-Mail-Adresse

70-Cent-Briefmarke

3–4-Zimmer-Wohnung

DIN-A4-Blatt

5 %-Klausel

De-facto-Anerkennung

ie i ih ß
ieh ß ieh j

Kapitel 4

Die Laut-
Buchstaben-
Zuordnungen

Die wichtigsten Regeln auf einen Blick

Hier geben Sie das stimmlose s als ß wieder:

- **ss** ▶ nach **kurzem, betonten** Vokal:
  Fa**ss**, Flu**ss**, Nu**ss**, e**ss**en, la**ss**en, mu**ss**, na**ss**

- **ß** ▶ nach **langem** Vokal oder **Diphthong:**
  Fu**ß**, Gru**ß**, Stra**ß**e; Spie**ß**, au**ß**en, anschlie**ß**end

Hier bestimmen Sie die Wortarten von das und dass:

- **das** ▶ **bestimmter Artikel:**
  der Mann, die Frau, **das** Kind

  ▶ **Relativpronomen:**
  Das Sofa, **das** wir gekauft haben, ist bequem.

  Test: Das Sofa, **welches** wir gekauft haben …

  ▶ **Demonstrativpronomen:**
  Bitte wiederholen Sie **das** nochmals.
  Test: Bitte wiederholen Sie **dies** nochmals.

- **dass** ▶ **Konjunktion:**
  Wir hoffen, **dass** Ihnen das Quiz gut gefällt!

Hier geben Sie das lange i als i, ie, ih und ieh wieder:

- **Einheimische Wörter**
  - ▶ **ie** (in vielen Fällen):
    B**ie**r, Fl**ie**ge, Pap**ie**r, S**ie**ger, Z**ie**l, t**ie**f, zufr**ie**den

  - ▶ **ih** (in wenigen Fällen):
    ihm, **ih**n, **ih**nen, **ih**r

  - ▶ **ieh** (in wenigen Fällen):
    V**ieh**, fl**ieh**en, w**ieh**ern, z**ieh**en

- **Fremdwörter**
  - ▶ **i** (in vielen Fällen):
    Kr**i**se, Rept**i**l, Souven**i**r, T**i**ger, Vent**i**l, skurr**i**l, na**i**v

  - ▶ **i** in **-ine**:
    ❶ Masch**ine**, Pral**ine**, Ros**ine**, Vitr**ine**, Viol**ine**

  - ▶ **ie** in **-ie**, **-ier** und **-ieren**:
    Droger**ie**; Scharn**ier**; interess**ieren**, stud**ieren**

Der „Klassiker"

 Fußball

 ~~Fussball~~

StraBe ✓

Strasse ✗

Quiz

1. Die Regeln der deutschen Rechtschreibung sind nun wirklich kein …

   a) *Pappenstil*

   b) *Pappenstiel*

   Lösung ☐

2. Im Lösungsteil der letzten Frage war von einem *Stängel* die Rede. Darf man diesen auch mit *e* schreiben?

   a) Ja, seit der Einführung der (nicht mehr ganz so) neuen Rechtschreibung kann man *Stängel* oder *Stengel* schreiben.

   b) Nein, korrekt ist nur der *Stängel* mit *ä*.

   Lösung ☐

Lösungen

1. Antwort b ist korrekt.

Begründung:
Es wird vermutet, dass sich das Wort *Pappenstiel* vom
Stängel des Löwenzahns – dem *Pappblumenstiel* – ableitet,
was zur Schreibung mit *ie* führt.

2. Antwort b ist korrekt.

Begründung:
Die reformierte Orthografie verfolgt das Ziel, die gleiche
Schreibung eines Wortstamms nach Möglichkeit in allen
Wörtern einer Wortfamilie sicherzustellen. Daher schreibt
man heutzutage *Stängel, Gämse, Quäntchen, behände,
belämmert* und *überschwänglich* mit *ä*. Lediglich bei zwei
Wörtern können Sie zwischen der Schreibung mit *e* und *ä*
wählen, und zwar bei *aufwendig/aufwändig und Schenke/
Schänke.* Bei diesen Varianten führen zwei Herleitungen zu
zwei Schreibungen: So kann einerseits *aufwendig/aufwändig*
von *aufwenden* und *Aufwand* abgeleitet werden – und
andererseits die *Schenke/Schänke* von *(ein/aus)schenken* und
(Aus)schank, Schank(wirtschaft) u. dgl.
Die Schreibung von *Eltern* hat sich **nicht** verändert, da die
Herleitung *(alt – die Älteren)* für viele heute nicht mehr
nachvollziehbar ist.

Quiz

3. Die Frage ist denkbar einfach, aber die Antwort hat es in sich: Schreibt man *knien* oder *knieen?*

   a) Man schreibt *knien*.

   b) Man schreibt *knieen*.

   Lösung ☐

4. Einer der „Klassiker" der deutschen Rechtschreibung schlechthin ist die Frage, ob man *wiederspiegeln* oder *widerspiegeln* schreibt.

   a) Man schreibt *wiederspiegeln* zweimal mit *ie*.

   b) Man schreibt *widerspiegeln* im ersten Teil der Zusammensetzung mit *i,* während man das lange *i* im zweiten Teil mit *ie* wiedergibt.

   Lösung ☐

Lösungen

3. Antwort a ist korrekt. ✓

Begründung:

Wenn in einem Wort auf *-ie* ein *-en* folgt, wird ein **e** gestrichen:

knie- + *-en* ▶ *knien,* *geschrie-* + *-en* ▶ *geschrien,*

Fantasie + *-en* ▶ *Fantasien* – und natürlich

Orthografie + *-en* ▶ *Orthografien*

Das gilt übrigens auch für Wörter auf *-ee:*

See + *-en* ▶ *Seen,* *Fee* + *-en* ▶ *Feen,* *Idee* + *-en* ▶ *Ideen*

4. Antwort b ist korrekt. ✓

Begründung:

Bei *widerspiegeln* steht *wider* im Sinne von „gegen, entgegen"
und **nicht** im Sinne von „noch einmal, erneut".

Generell gilt:

wider bedeutet „gegen, entgegen":

Er hat das widerrufen.

Sie hat uns widersprochen.

wieder bedeutet „noch einmal, erneut":

Heute besucht sie uns wieder.

Dies kurz zur Wiederholung …

Quiz

5. Es ist an der Zeit, andere … aufzuziehen!

   Dass man die *Seite* in einem Buch von der *Saite* auf der Geige unterscheidet, ist Ihnen sicherlich bekannt. Aber wie schreibt man das Wort in der zu Beginn genannten Redewendung?

   a) Man schreibt *andere Seiten aufziehen.*

   b) Man schreibt *andere Saiten aufziehen.*

   Lösung ☐

6. Natürlich wissen Sie, wie man den Aussichtsturm in Paris nennt, der längst zu einem Wahrzeichen der Stadt geworden ist.

   Aber mit wie vielen *f* schreibt man ihn?

   a) Man schreibt ihn mit einem *f: Eifelturm.*

   b) Man schreibt ihn mit zwei *f: Eiffelturm.*

   Lösung ☐

Lösungen

5. Antwort b ist korrekt.

Begründung:

Die Wörter *Seite* und *Saite* werden im übertragenen Gebrauch oftmals verwechselt: Man schreibt *andere Saiten aufziehen* oder – in gehobener Sprache – *verwandte Saiten in einer Person aufklingen lassen,* dagegen aber beispielsweise *Rechtschreibung ist seine starke Seite!*

Zeigen Sie sich nun bitte auch orthografisch von Ihrer besten *Seite* …

6. Antwort b ist korrekt.

Begründung:

Der *Eiffelturm* wurde nach seinem Konstrukteur Gustave Eiffel benannt. Dessen Vorfahren waren übrigens deutsche Auswanderer und stammten aus einem Ort in der Eifel. In Frankreich änderten sie ihren Familiennamen Bönickhausen in Eiffel, um den Franzosen einen Knoten in der Zunge zu ersparen.

Quiz

7. Vor einiger Zeit hat es der *Paragrafenreiter* – und zwar genau in dieser Schreibweise – zum „Wort der Woche" der Deutschen Welle gebracht.

   Glauben Sie, dass der Chef von Herrn Paragrafenreiter – unser berühmt-berüchtigter Herr Fliegenbeinzähler – mit dieser Schreibung einverstanden ist?

   a) Ja, denn gegen die Schreibweise gibt es nichts einzuwenden.

   b) Nein, denn der *Paragraphenreiter* muss mit *ph* geschrieben werden.

   Lösung ☐

8. Spricht aus orthografischer Sicht etwas gegen mit *Teddys* spielende *Babys?*

   a) Ja, denn es sollte von *Teddies* und *Babies* die Rede – bzw. die Schreibe – sein.

   b) Nein, denn die Schreibungen *Teddys* und *Babys* sind in Ordnung.

   Lösung ☐

Lösungen

7. Antwort a ist korrekt.

Begründung:
In Fremdwörtern **kann** der Wortbestandteil *graph* durch *graf* ersetzt werden:
Bibliographie oder *Bibliografie,*
Geographie oder *Geografie,*
Seismograph oder *Seismograf.*
Seit der Einführung der reformierten *Orthographie/ Orthografie* ist neben der traditionellen Schreibung *Paragraph* auch die Variante *Paragraf* zulässig.

8. Antwort b ist korrekt.

Begründung:
Englische Substantive mit der Endung **-y** bilden den Plural durch das Anhängen eines **-s** am Wortende:
*Viel Spaß auf den nächsten Part**ys**!*
Das Plural-**s** ist übrigens auch bei Wörtern aus dem Französischen zu finden:
*das Niveau – die Niveau**s***
(entgegen dem Französischen: *niveaux*),
*das Journal – die Journal**s***
(entgegen dem Französischen: *journaux*),
*der/das Bijou – die Bijou**s***
(entgegen dem Französischen: *bijoux*).

So schreiben Sie es richtig:

Verlies

Ingenieur

Rhythmus

nigelnagelneu

Kommilitone

Attrappe

Cappuccino

Terrasse

Billard

galoppieren

brillant

Interesse

Mayonnaise

Atmosphäre

Karussell

Die Kommasetzung

Die wichtigsten Regeln auf einen Blick

Hier müssen Sie ein Komma beim Infinitiv setzen:

- **Einleitung** der Infinitivgruppe mit …

  ▶ **als:**
  Die Jugendlichen hatten nichts Besseres zu tun**,** **als zu** randalieren.

  ▶ **anstatt/statt:**
  Er ging in die Kneipe**,** **anstatt/statt zu** arbeiten.

  ▶ **außer:**
  Ihm fiel nichts anderes ein**,** **außer** die bekannten Tatsachen **zu** wiederholen.

  ▶ **ohne:**
  Sie sagte das**,** **ohne** mit der Wimper **zu** zucken.

  ▶ **um:**
  Wir werden alles versuchen**,** **um** euch **zu** helfen.

- **Abhängigkeit** der Infinitivgruppe von einem **Substantiv:**
  Er spielte mit dem **Gedanken,** ein Studium **zu** absolvieren.
  Sie hatte den **Wunsch,** eine Weltreise **zu** machen.

Hier müssen Sie ein Komma beim Infinitiv setzen:

- **Ankündigung** oder **Wiederaufnahme** der Infinitivgruppe durch ein **hinweisendes Wort:**
  ❶ Denkst du bitte **daran,** die Blumen **zu** gießen?
  Die Regel **zu** beherrschen**, das** war ihr Ziel.

In allen anderen Fällen ist die Kommasetzung bei Infinitivgruppen **freigestellt.**

Ein Komma **kann** gesetzt werden, um die **Gliederung des Satzes** deutlich zu machen oder um etwaige **Missverständnisse** auszuschließen.

Der „Klassiker"

 Wir genießen es, lange zu frühstücken.

 Wir genießen es lange zu frühstücken.

Denkst du bitte **daran,** die Blumen **zu** gießen? ✓

Denkst du bitte **daran** die Blumen **zu** gießen? ✗

Quiz

1. *Ohne auch nur einen Moment zu zögern, haben Sie in diesem Satz ein Komma gesetzt.*

   Aber ist es auch richtig?

   a) Ja, hier ist das Komma Pflicht!

   b) Nein, hier ist das Komma fehl am Platz!

   Lösung ☐

2. Es besteht kein Zweifel daran, warum Sie dieses Buch zur Hand genommen haben:

   Sie haben den Wunsch auf vergnügliche Art und Weise typische Zweifelsfälle der deutschen Rechtschreibung kennenzulernen.

   Aber fehlt hier nicht ein Komma nach *Wunsch?*

   a) Ja, nach *Wunsch* muss ein Komma stehen.

   b) Nein, nach *Wunsch* muss kein Komma stehen.

   c) Nach *Wunsch* kann, muss jedoch kein Komma stehen.

   Lösung ☐

Lösungen

1. Antwort a ist korrekt.

Begründung:
Bei Infinitivgruppen, die mit *als, anstatt/statt, außer, ohne* oder *um* eingeleitet werden, **muss** ein Komma gesetzt werden:

Ohne auch nur einen Moment zu zögern, haben Sie in diesem Satz ein Komma gesetzt.

Er nahm dieses Buch zur Hand, um künftig klassische Zweifelsfälle der deutschen Rechtschreibung geschickt umschiffen zu können.

Am leichtesten ist es für Sie, wenn Sie sich die Einleitewörter *als, anstatt/statt, außer, ohne* und *um* einprägen. Die beiden zuletzt genannten Wörter werden Ihnen im Alltag wohl am häufigsten begegnen.

2. Antwort a ist korrekt.

Begründung:
Bei Infinitivgruppen, die von einem Substantiv abhängen, **muss** ein Komma gesetzt werden:
*Er hatte den **Wunsch**, sein Hobby zum Beruf zu machen.*
*Sie gab ihm den **Rat**, die Sache in Ruhe zu überdenken.*
*Wir fassten den **Gedanken**, nach Rom zu reisen.*

Quiz

3. *Es ist an der Zeit, ein letztes Mal einen Blick auf die Kommasetzung bei Infinitivgruppen zu werfen.*

   Langer Rede kurzer Sinn:
   Muss in diesem Satz nach *Zeit* ein Komma stehen?

   a) Ja, das Komma muss gesetzt werden.

   b) Nein, das Komma muss nicht gesetzt werden.

   c) Das Komma kann, muss aber nicht gesetzt werden.

   Lösung ☐

Lösungen

3. Antwort a ist korrekt.

Begründung:
Bei Infinitivgruppen, die durch ein hinweisendes Wort angekündigt oder wieder aufgenommen werden, **muss** ein Komma gesetzt werden:

Es ist an der Zeit, ein letztes Mal einen Blick auf die Kommasetzung bei Infinitivgruppen zu werfen.
Er dachte nicht im Traum daran, das Komma als „lebensnotwendiges" Satzzeichen zu „benamsen".
Die häufigsten Zweifelsfälle der Rechtschreibung mit einer Prise Humor zu präsentieren, das ist erklärtes Ziel dieses Buches.

Zum Thema „lebensnotwendiges" Komma nur so viel:
Wir essen, Opa! – aber: *Wir essen Opa!*

Quiz

4. Wahrscheinlich beginnt Ihr Schreiben an das „geliebte" Finanzamt mit einer Anrede wie *Sehr geehrte Damen und Herren.*

   Bevor Sie sich nun um Ihr eigentliches Problem kümmern, müssen Sie noch eine kleine orthografische Hürde aus dem Wege räumen …

   Richtig, es geht um das kleine Zeichen nach der Anrede!

   a) Nach der Anrede in Briefen steht ein Punkt.

   b) Nach der Anrede in Briefen steht ein Komma.

   c) Nach der Anrede in Briefen steht wahlweise ein Komma oder ein Ausrufezeichen.

   d) Nach der Anrede steht gar nichts.

   Lösung ☐

Lösungen

4. Antwort c ist korrekt. ✓

Begründung:

Nach der Anrede in Briefen steht entweder ein Komma oder ein Ausrufezeichen. Das Komma ist an dieser Stelle heute allgemein üblich, während das Ausrufezeichen seltener vorkommt und als überholt gilt:

Sehr geehrte Damen und Herren,

…

Sehr geehrte Damen und Herren!

…

In der Schweiz ist es übrigens üblich, **kein** Satzzeichen nach der Anrede zu setzen.

Bitte achten Sie auf die Kleinschreibung nach dem Komma, sofern es sich um **kein** Substantiv oder Anredepronomen handelt:

Sehr geehrte Damen und Herren,
herzlichen Dank für Ihren ausführlichen Brief
vom 1. April 2017 …

aber:

Sehr geehrte Damen und Herren,
Sie haben mich in Ihrem ausführlichen Brief
vom 1. April 2017 …

Quiz

5. Neben der „klassischen" Anrede *Sehr geehrte Damen und Herren,* die bereits in der letzten Frage zur Sprache kam, gibt es gerade in E-Mails auch weniger förmliche Varianten.

Da ist dann *Hallo Ulrike* zu lesen – oder *Guten Tag Herr Schlämmer,* wenn Sie dem stellvertretenden Chefredakteur des Grevenbroicher Tagblatts Antworten auf seine „knallharten" Fragen liefern.

Doch wie steht es um die Kommasetzung in diesen Fällen?

a) In modernen Anreden wie *Hallo Ulrike* oder *Guten Tag Herr Schlämmer* steht kein Komma vor dem Namen.

b) In modernen Anreden wie *Hallo, Ulrike* oder *Guten Tag, Herr Schlämmer* steht ein Komma vor dem Namen.

c) In diesen Fällen kann ein Komma gesetzt werden – muss jedoch nicht.

Lösung ☐

Lösungen

5. Antwort c ist korrekt. ✓

Begründung:

In weniger förmlichen Anreden wie *Hallo[,] Ulrike* oder *Guten Tag[,] Herr Schlämmer* ist die Kommasetzung vor dem Namen freigestellt.

Das Komma oder das Ausrufezeichen am Ende der Anrede **muss** aber auf jeden Fall gesetzt werden:

Hallo[,] Ulrike, … / Hallo[,] Ulrike! …

Guten Tag[,] Herr Schlämmer, … /
Guten Tag[,] Herr Schlämmer! …

So schreiben Sie es richtig:

Sie beschloss, jeden Morgen
früher aufzustehen.
Aber: Sie beschloss jeden Morgen,
früher aufzustehen.

Hängt ihn**,** nicht laufen lassen!
Aber: Hängt ihn nicht**,** laufen lassen!

Die Hochzeit ist geplatzt:
Er wollte sie nicht.
Aber: Er wollte**,** sie nicht.

Der brave Mann denkt
an sich selbst zuletzt.
Aber: Der brave Mann denkt
an sich**,** selbst zuletzt.

Die wichtigsten Regeln auf einen Blick

Hier trennen Sie einheimische Wörter:

- **Nicht zusammengesetzte Wörter:**

  - ▶ **nach Sprechsilben:**
    Vie-le Wör-ter kön-nen Sie tren-nen.

  - ▶ **einzelner Konsonant →** auf die **neue** Zeile:
    vie-le, sie-ben, le-sen, Na-se, Ho-se, Schna-bel

  - ▶ **mehrere Konsonanten →**
    der **letzte** Konsonant auf die **neue** Zeile:
    Wör-ter, kön-nen, tren-nen, fin-den, sit-zen

  - ▶ **ch, sch** und **ck** werden **nicht** getrennt:
    Bü-cher, Sa-chen; Men-schen, na-schen;
    Bä-cker, Zu-cker

- **Zusammengesetzte Wörter:**

  - ▶ nach **sprachlichen Bestandteilen:**
    Zu-cker-bä-cker, Wort-tren-nung, Zei-len-en-de

  - ▶ auch bei **Vorsilben:**
    aus-räu-men, be-su-chen, ein-rah-men,
    vor-tan-zen

Die Worttrennung am Zeilenende

Hier trennen Sie Fremdwörter:

● **Nicht zusammengesetzte Wörter:**

▶ ebenfalls nach **Sprechsilben**:
Auf dem Bal-kon im Ho-tel steht ein Tou-rist.

▶ Buchstabenfolge **Konsonant +** l, n, r **trennen
oder** auf die **neue** Zeile:
Zyk-lus *oder* Zy-klus; Mag-net *oder* Ma-gnet;
Hyd-rant *oder* Hy-drant

● **Zusammengesetzte Wörter:**

▶ nach **Sprechsilben oder Wortbestandteilen:**
He-li-kop-ter *oder* He-li-ko-pter,
Chry-san-the-me *oder* Chrys-an-the-me

Der „Klassiker"

 Spar-gelder

 ~~Spargel-der~~

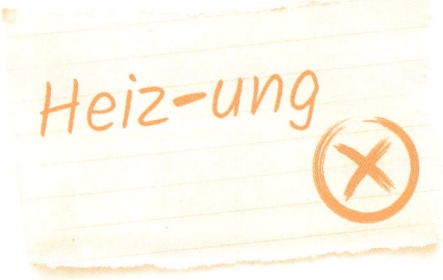

Quiz

1. In Zeitungen und Zeitschriften ergeben sich durch die Benutzung von Programmen zur automatischen Sil-ben-tren-nung immer wieder „inte-ressante" Worttrennungen – um es einmal so zu formulieren.

   Übrigens: Was halten Sie eigentlich von der Trennung *inte-ressant?*

   a) Nicht viel, da man eigentlich *interessant* nach dem *r* trennen muss: *inter-essant.*

   b) Gegen die Trennung *inte-ressant* gibt es nichts einzuwenden. Allerdings ist auch die Trennung nach dem *r* möglich: *inter-essant.*

   c) Die Trennung *inte-ressant* ist die einzig gültige Variante.

   Lösung ☐

2. Was haben *Esel* und *Igel* gemeinsam?

   a) Man darf beide nach dem Vokal am Wortanfang trennen: *E-sel* und *I-gel.*

   b) Man darf beide nicht trennen.

   Lösung ☐

Lösungen

1. Antwort b ist korrekt.

Begründung:
Fremdwörter, die **nicht** mehr als Zusammensetzungen empfunden werden, können mittlerweile auch nach Sprechsilben getrennt werden:
inte-res-sant, pa-ral-lel, Chi-rurg, Pä-da-go-gik.

Die Trennung nach Wortbestandteilen ist weiterhin möglich:
inter-es-sant, par-al-lel, Chir-urg, Päd-ago-gik.

Das Ganze gilt übrigens auch für einheimische Wörter:
da-rum/dar-um, he-ran/her-an, ei-nan-der/ein-an-der, hi-nauf/hin-auf.

2. Antwort b ist korrekt.

Begründung:
Ein einzelner Vokal darf am Wortanfang **nicht** abgetrennt werden. Ungetrennt bleiben also beispielsweise *Abend, Ofen, aber* und *über.*

Apropos: Auch am Wortende darf ein einzelner Vokal **nicht** abgetrennt werden. Ungetrennt bleiben somit auch Wörter wie *Deo, Kleie, Laie* und *Reue.* Bei Zusammensetzungen im Wortinnern sind also auch Trennungen wie *Berga-horn, Bachu-fer* und *Vide-ospiel* **falsch.**

So schreiben Sie es richtig:

(✓) be-inhalten
(✗) ~~bein-halten~~

(✓) Ur-instinkt
(✗) ~~Urin-stinkt~~

(✓) Silben-ende
(✗) ~~Silbenen-de~~

(✓) Blut-erguss
(✗) ~~Bluter-guss~~

(✓) Musik-erziehung
(✗) ~~Musiker-ziehung~~

(✓) Visa-gesuche
(✗) ~~Visage-suche~~

(✓) Auto-rennen
(✗) ~~Autoren-nen~~

(✓) Text-illustration
(✗) ~~Textil-lustration~~

Kapitel 7

Drei Dinge, die Sie über die Änderungen 2017 wissen müssen

- **Das neue große ß**
  Beim Gebrauch von *GROSSBUCHSTABEN* wird *ß* – wie bislang – durch **SS** oder – jetzt – durch das **neue große ß** ersetzt: *GROßBUCHSTABEN*.

- **Streichung von Schreibvarianten**
  Bei der Schreibung von **Fremdwörtern** wurden einige Varianten **gestrichen**.
  Folgende Schreibungen sind jetzt **nicht** mehr gültig:
  ~~Grislibär~~, ~~Ketschup~~, ~~Kommunikee~~, ~~Majonäse~~, ~~Negligee~~, ~~Nessessär~~, ~~passee~~, ~~Roulett~~, ~~Varietee~~, ~~Wandalismus~~

- **Feste Verbindungen aus Adjektiv + Substantiv**
  Bestimmte Anlässe und **Kalendertage** können – wie bislang – **kleingeschrieben** oder – jetzt – **auch großgeschrieben** werden.
  *die **g**oldene Hochzeit* oder *die **G**oldene Hochzeit*
  *das **n**eue Jahr* oder *das **N**eue Jahr*

  ❶ Weiterhin **nur groß**:
  *der **H**eilige Abend, der **E**rste Mai* (siehe Seite 10)